El ABC de los

Verbos

en Inglés.

Edilia Jimenez.
ISBN:

Introducción.

Este libro ha sido creado con el objetivo de ayudarte a dominar los verbos en inglés, tanto los regulares como los irregulares, proporcionándote las herramientas necesarias para comunicarte con confianza y fluidez en el idioma.

Los verbos son la columna vertebral del lenguaje y desempeñan un papel fundamental en la comunicación diaria. Son la clave para expresar acciones, estados, procesos y eventos en el inglés. Dominar los verbos es esencial para adquirir un nivel de habilidad y fluidez que te permitirá comunicarte de manera efectiva en diferentes situaciones.

En este libro, nos enfocaremos en dos categorías principales de verbos: los regulares y los irregulares. Comenzaremos por los verbos regulares, los cuales se caracterizan por seguir patrones predecibles en su conjugación. Dividiremos los verbos regulares en grupos, basados en las terminaciones de sus formas pasadas y participios. Exploraremos los grupos de verbos regulares que terminan en "ed", "d" y "ied", brindándote una estructura clara y organizada para su estudio y práctica.

Además de los verbos regulares, también nos sumergiremos en el mundo de los verbos irregulares. Estos verbos no siguen las reglas comunes de conjugación y requieren un aprendizaje individualizado. Descubriremos los verbos irregulares más comunes y exploraremos sus formas pasadas y participios pasados únicos, proporcionándote una base sólida para su uso adecuado en tus conversaciones y escritos en inglés.

En cada sección, te brindaremos la pronunciación simplificada de cada verbo, utilizando una aproximación fonética que sea fácil de entender para los hablantes de español. Además, encontrarás la traducción al español de cada verbo, permitiéndote establecer conexiones significativas entre los idiomas y expandir tu vocabulario.

A lo largo de este libro, encontrarás ejemplos prácticos y relevantes que ilustran el uso de los verbos en la vida diaria. Estos ejemplos te ayudarán a comprender cómo aplicar los verbos en diferentes contextos y situaciones cotidianas.

Recuerda que aprender los verbos es un proceso gradual y requiere práctica constante. Te animamos a realizar los ejercicios y actividades propuestas al final de cada sección para fortalecer tus habilidades y reforzar lo aprendido.

Prepárate para empezar en un emocionante viaje de descubrimiento lingüístico mientras exploramos los fundamentos de los verbos en inglés. Este libro te guiará paso a paso, brindándote las herramientas necesarias para que te conviertas en un maestro de los verbos.

Tabla de contenido

Verbos regulares.

Comenzaremos por los verbos regulares que terminan en "-ed". Este grupo es amplio y abarca una gran cantidad de verbos comunes en inglés. Aprenderás cómo formar las formas pasadas y los participios pasados agregando simplemente la terminación "-ed" al verbo base. A medida que exploramos este grupo, te proporcionaremos ejemplos y ejercicios para que practiques y fortalezcas tu comprensión.

Continuaremos con los verbos regulares que terminan en "-d". Si bien es un grupo más pequeño, su estudio es esencial para comprender la conjugación de los verbos en el pasado. Aprenderás cómo aplicar la terminación "-d" a los verbos en el pasado simple y en el participio pasado. A través de ejemplos y prácticas, podrás familiarizarte con este grupo y ganar confianza en su uso.

Luego, nos adentraremos en el grupo de verbos regulares que terminan en "-ied". Aunque es un grupo menos común, es importante comprender cómo formar las formas pasadas y participios pasados de estos verbos. Aprenderás cómo se agrega "-ied" al verbo base y cómo pronunciar correctamente estas formas. Te proporcionaremos ejemplos y ejercicios para consolidar tu conocimiento y aplicación de estos verbos.

A lo largo de este libro, encontrarás una guía de pronunciación simplificada para cada verbo, que te permitirá abordar la pronunciación en inglés de una manera más accesible. Además, cada verbo estará acompañado de su traducción al español, lo que facilitará tu comprensión y conexión con tu lengua materna.

Guía de Pronunciación.

La pronunciación de la terminación "-ed" en los verbos regulares en inglés puede variar. Se pronuncia como /t/, /d/ o /ɪd/ dependiendo del sonido final del verbo base.

Terminación /t/

La terminación "-ed" se pronuncia como /t/ después de los sonidos sordos (o no sonoros), excepto /t/. Los sonidos sordos son aquellos en los que las cuerdas vocales no vibran cuando se produce el sonido.
Los ejemplos incluyen verbos que terminan en /p/, /k/, /f/, /ʃ/ (sonido

sh), /s/, /tʃ/ (sonido ch), /θ/ (sonido th). Por ejemplo, "stopped" /stɒpt/, "liked" /laɪkt/, "laughed" /lɑːft/.

TERMINACIÓN /D/

La terminación "-ed" se pronuncia como /d/ después de los sonidos sonoros, excepto /d/. Los sonidos sonoros son aquellos en los que las cuerdas vocales vibran cuando se produce el sonido.
Los ejemplos incluyen verbos que terminan en /b/, /g/, /v/, /ð/ (sonido th), /z/, /ʒ/ (sonido de measure), /dʒ/ (sonido j), /m/, /n/, /ŋ/ (sonido ng), /l/, /r/, /w/, /j/ (sonido y). Por ejemplo, "loved" /lʌvd/, "lived" /lɪvd/, "agreed" /əˈgriːd/.

TERMINACIÓN /ED/

La terminación "-ed" se pronuncia como /ɪd/ (suena como una sílaba extra) después de /t/ y /d/.
Los ejemplos incluyen "wanted" /ˈwɒntɪd/, "needed" /ˈniːdɪd/.
Ejercicios de Práctica

VERBOS REGULARES QUE SU TERMNACIÓN EN EL PARTICIPIO ES "ED".

Verb: Accept

Translation: Aceptar

Pronunciation: acet

Past Participle: Accepted

Example: She accepted the job offer.

Translation: Ella aceptó la oferta de trabajo.

Verb: Act

Translation: Actuar

Pronunciation: akt

Past Participle: Acted

Example: They acted in a play.

Translation: Ellos actuaron en una obra de teatro.

Verb: Admir

Translation: Admirar

Pronunciation: ad-MAiR

Past Participle: Admired

Example: I admired her artwork.

Translation: Admiré su obra de arte.

Verb: Allow

Translation: Permitir

Pronunciation: a-<u>LOU</u>

Past Participle: Allowed

Example: They allowed us to enter.

Translation: Nos permitieron entrar.

Verb: Answer

Translation: Responder

Pronunciation: <u>AN</u>-sor

Past Participle: Answered

Example: He answered the phone.

Translation: Él respondió el teléfono.

Verb: Appear

Translation: Aparecer

Pronunciation: a-<u>PiiR</u>

Past Participle: Appeared

Example: The magician appeared on stage.

Translation: El mago apareció en el escenario.

Verb: Arrange

Translation: Organizar

Pronunciation: <u>a-RENCH</u>

Past Participle: Arranged

Example: She arranged the books on the shelf.

Translation: Ella organizó los libros en el estante.

Verb: Ask

Translation: Preguntar

Pronunciation: ask

Past Participle: Asked

Example: I asked a question in class.

Translation: Hice una pregunta en clase.

Verb: Believe

Translation: Creer

Pronunciation: bi-<u>LIIV</u>

Past Participle: Believed

Example: I believed in his talent.

Translation: Creía en su talento.

Verb: Call

Translation: Llamar

Pronunciation: kal

Past Participle: Called

Example: He called his friend on the phone.

Translation: Llamó a su amigo por teléfono.

Verb: Care

Translation: Cuidar

Pronunciation: <u>ka</u>ir

Past Participle: Cared

Example: She cared for her sick sister.

Translation: Cuidó a su hermana enferma.

Verb: Change

Translation: Cambiar

Pronunciation: <u>cha</u>nch

Past Participle: Changed

Example: We changed our plans at the last minute.

Translation: Cambiamos nuestros planes en el último minuto.

Verb: Check

Translation: Revisar

Pronunciation: chek

Past Participle: Checked

Example: He checked the document for errors.

Translation: Él revisó el documento en busca de errores.

Verb: Choose

Translation: Elegir

Pronunciation: <u>cho</u>oz

Past Participle: Chosen

Example: They chose the blue car.

Translation: Eligieron el coche azul.

Verb: Clean

Translation: Limpiar

Pronunciation: <u>kli</u>in

Past Participle: Cleaned

Example: They cleaned the house on the weekend.

Translation: Limpiaron la casa durante el fin de semana.

Verb: Close

Translation: Cerrar

Pronunciation: klos

Past Participle: Closed

Example: She closed the door quietly.

Translation: Ella cerró la puerta en silencio.

Verb: Complete

Translation: Completar

Pronunciation: kon-PLiiT

Past Participle: Completed

Example: We completed the project ahead of schedule.

Translation: Completamos el proyecto antes de tiempo.

Verb: Cook

Translation: Cocinar

Pronunciation: kook

Past Participle: Cooked

Example: He cooked dinner for his family.

Translation: Él cocinó la cena para su familia.

Verb: Count

Translation: Contar

Pronunciation: kownt

Past Participle: Counted

Example: They counted the number of books on the shelf.

Translation: Contaron el número de libros en el estante.

Verb: Create

Translation: Crear

Pronunciation: kri_ei_t

Past Participle: Created

Example: She created a beautiful artwork.

Translation: Ella creó una obra de arte hermosa.

Verb: Dance

Translation: Bailar

Pronunciation: dans

Past Participle: Danced

Example: They danced at the party all night.

Translation: Bailaron en la fiesta toda la noche.

Verb: Decide

Translation: Decidir

Pronunciation: di_sai_d

Past Participle: Decided

Example: We decided to go on vacation.

Translation: Decidimos ir de vacaciones.

Verb: Deliver

Translation: Entregar

Pronunciation: dih-**LIV**-er

Past Participle: Delivered

Example: He delivered the package to the customer.

Translation: Él entregó el paquete al cliente.

Verb: Describe

Translation: Describir

Pronunciation: dis**CRAI**B

Past Participle: Described

Example: She described the scene in detail.

Translation: Ella describió la escena en detalle.

Verb: Enjoy

Translation: Disfrutar

Pronunciation: en-**JOY**

Past Participle: Enjoyed

Example: We enjoyed our vacation at the beach.

Translation: Disfrutamos nuestras vacaciones en la playa.

Verb: Explain

Translation: Explicar

Pronunciation: ik-**SPLAYN**

Past Participle: Explained

Example: He explained the concept to the students.

Translation: Él explicó el concepto a los estudiantes.

Verb: Finish

Translation: Terminar

Pronunciation: FIN-ish

Past Participle: Finished

Example: She finished her work before the deadline.

Translation: Terminó su trabajo antes de la fecha límite.

Verb: Follow

Translation: Seguir

Pronunciation: FA-loo

Past Participle: Followed

Example: They followed the instructions carefully.

Translation: Siguieron las instrucciones cuidadosamente.

Verb: Garden

Translation: Jardinear

Pronunciation: GAR-den

Past Participle: Gardened

Example: She gardened in her backyard.

Translation: Ella jardineó en su patio trasero.

Verb: Help

Translation: Ayudar

Pronunciation: JELP

Past Participle: Helped

Example: I helped my friend with her homework.

Translation: Ayudé a mi amiga con su tarea.

Verb: Hug

Translation: Abrazar

Pronunciation: JUG

Past Participle: Hugged

Example: They hugged each other tightly.

Translation: Se abrazaron fuertemente.

Verb: Imagine

Translation: Imaginar

Pronunciation: i-<u>MAG</u>-in

Past Participle: Imagined

Example: She imagined herself on a tropical island.

Translation: Se imaginó en una isla tropical.

Verb: Increase

Translation: Aumentar

Pronunciation: in-<u>KRii</u>SS

Past Participle: Increased

Example: They increased the prices of the products.

Translation: Aumentaron los precios de los productos.

Verb: Inform

Translation: Informar

Pronunciation: in-<u>FORM</u>

Past Participle: Informed

Example: He informed the team about the meeting.

Translation: Informó al equipo sobre la reunión.

Verb: Involve

Translation: Involucrar

Pronunciation: in-<u>VOLV</u>

Past Participle: Involved

Example: The project involved a lot of research.

Translation: El proyecto involucró mucha investigación.

Verb: Jump

Translation: Saltar

Pronunciation: JUMP

Past Participle: Jumped

Example: They jumped over the fence.

Translation: Saltaron sobre la cerca.

Verb: Kick

Translation: Patear

Pronunciation: KICK

Past Participle: Kicked

Example: He kicked the ball into the goal.

Translation: Pateó el balón hacia la portería.

Verb: Laugh

Translation: Reír

Pronunciation: LAUGH

Past Participle: Laughed

Example: They laughed at the funny joke.

Translation: Se rieron del chiste gracioso.

Verb: Listen

Translation: Escuchar

Pronunciation: LISS-en

Past Participle: Listened

Example: She listened to music on her headphones.

Translation: Escuchó música en sus audífonos.

Verb: Live

Translation: Vivir

Pronunciation: LIV

Past Participle: Lived

Example: He lived in New York City for five years.

Translation: Vivió en la ciudad de Nueva York durante cinco años.

Verb: Move

Translation: Mover

Pronunciation: MuuV

Past Participle: Moved

Example: We moved to a new house last month.

Translation: Nos mudamos a una casa nueva el mes pasado.

Verb: Need

Translation: Necesitar

Pronunciation: NIiD

Past Participle: Needed

Example: I needed a break after a long day.

Translation: Necesitaba un descanso después de un día largo.

Verb: Open

Translation: Abrir

Pronunciation: O-pen

Past Participle: Opened

Example: She opened the door and entered the room.

Translation: Ella abrió la puerta y entró en la habitación.

Verb: Paint

Translation: Pintar

Pronunciation: PAYNT

Past Participle: Painted

Example: They painted the walls of their house.

Translation: Pintaron las paredes de su casa.

Verb: Play

Translation: Jugar

Pronunciation: PLAY

Past Participle: Played

Example: We played tennis in the park.

Translation: Jugamos al tenis en el parque.

Verb: Prefer

Translation: Preferir

Pronunciation: pri-**FER**

Past Participle: Preferred

Example: She preferred coffee over tea.

Translation: Ella prefería el café sobre el té.

Verb: Pull

Translation: Jalar

Pronunciation: PULL

Past Participle: Pulled

Example: He pulled the rope with all his strength.

Translation: Jala la cuerda con todas sus fuerzas.

Verb: Rain

Translation: Llover

Pronunciation: RAYN

Past Participle: Rained

Example: It rained heavily last night.

Translation: Llovió mucho anoche.

Verb: Reach

Translation: Alcanzar

Pronunciation: RIiCH

Past Participle: Reached

Example: They reached the top of the mountain.

Translation: Alcanzaron la cima de la montaña.

Verb: Remember

Translation: Recordar

Pronunciation: rii-**MEM**-ber

Past Participle: Remembered

Example: I remembered to bring my umbrella.

Translation: Recordé llevar mi paraguas.

Verb: Repair

Translation: Reparar

Pronunciation: ri-**PEYR**

Past Participle: Repaired

Example: He repaired the broken chair.

Translation: Reparó la silla rota.

Verb: Return

Translation: Regresar

Pronunciation: ri-**TORN**

Past Participle: Returned

Example: She returned the book to the library.

Translation: Devolvió el libro a la biblioteca.

Verb: Share

Translation: Compartir

Pronunciation: SHER

Past Participle: Shared

Example: They shared a pizza for dinner.

Translation: Compartieron una pizza para la cena.

Verb: Show

Translation: Mostrar

Pronunciation: SHOW

Past Participle: Showed

Example: He showed me a picture of his family.

Translation: Me mostró una foto de su familia.

Verb: Stay

Translation: Quedarse

Pronunciation: STAY

Past Participle: Stayed

Example: We stayed at a hotel during our vacation.

Translation: Nos quedamos en un hotel durante nuestras vacaciones.

Verb: Talk

Translation: Hablar

Pronunciation: TAK

Past Participle: Talked

Example: They talked about their plans for the weekend.

Translation: Hablaron sobre sus planes para el fin de semana.

Verb: Travel

Translation: Viajar

Pronunciation: **TRAV**-ol

Past Participle: Traveled

Example: She traveled to Europe last summer.

Translation: Ella viajó a Europa el verano pasado.

Verb: Try

Translation: Intentar

Pronunciation: TRAY

Past Participle: Tried

Example: I tried to solve the puzzle.

Translation: Intenté resolver el rompecabezas.

Verb: Use

Translation: Usar

Pronunciation: <u>IU</u>s

Past Participle: Used

Example: They used the computer to finish their work.

Translation: Usaron la computadora para terminar su trabajo.

Verb: Visit

Translation: Visitar

Pronunciation: <u>VIZ</u>-it

Past Participle: Visited

Example: We visited our grandparents over the weekend.

Translation: Visitamos a nuestros abuelos durante el fin de semana.

Verb: Wait

Translation: Esperar

Pronunciation: WAYT

Past Participle: Waited

Example: She waited for the bus at the stop.

Translation: Esperó el autobús en la parada.

Verb: Walk

Translation: Caminar

Pronunciation: WAK

Past Participle: Walked

Example: They walked to the park in the morning.

Translation: Caminaron al parque por la mañana.

Verb: Watch

Translation: Mirar

Pronunciation: WACH

Past Participle: Watched

Example: He watched a movie last night.

Translation: Miró una película anoche.

Verb: Work

Translation: Trabajar

Pronunciation: WORK

Past Participle: Worked

Example: We worked late to finish the project.

Translation: Trabajamos hasta tarde para terminar el proyecto.

Verb: Xerox

Translation: Hacer una fotocopia

Pronunciation: ZII-roks

Past Participle: Xeroxed

Example: They xeroxed the document for distribution.

Translation: Hicieron una fotocopia del documento para distribuir.

Verb: Yell

Translation: Gritar

Pronunciation: YEL

Past Participle: Yelled

Example: She yelled at the top of her lungs.

Translation: Gritó a todo pulmón.

Verb: Zip

Translation: Cerrar con cremallera

Pronunciation: ZIP

Past Participle: Zipped

Example: He zipped up his jacket.

Translation: Cerró con cremallera su chaqueta.

Verb: Zoom

Translation: Hacer zoom

Pronunciation: ZUuM

Past Participle: Zoomed

Example: They zoomed in on the picture.

Translation: Hicieron zoom en la imagen.

Verb: Add

Translation: Agregar

Pronunciation: AD

Past Participle: Added

Example: He added sugar to his coffee.

Translation: Agregó azúcar a su café.

Verb: Agree

Translation: Estar de acuerdo

Pronunciation: a-GRii

Past Participle: Agreed

Example: They agreed to meet at the restaurant.

Translation: Estuvieron de acuerdo en encontrarse en el restaurante.

Verb: Aim

Translation: Apuntar

Pronunciation: EYM

Past Participle: Aimed

Example: She aimed the arrow at the target.

Translation: Apuntó la flecha al blanco.

Verb: Arrange

Translation: Organizar

Pronunciation: a-**RE**nch

Past Participle: Arranged

Example: She arranged the flowers in a vase.

Translation: Organizó las flores en un jarrón.

Verb: Attack

Translation: Atacar

Pronunciation: a-**TAK**

Past Participle: Attacked

Example: The lion attacked its prey.

Translation: El león atacó a su presa.

Verb: Bake

Translation: Hornear

Pronunciation: BEYK

Past Participle: Baked

Example: They baked a delicious cake.

Translation: Hornearon un pastel delicioso.

Verb: Behave

Translation: Comportarse

Pronunciation: bi-**JEY**

Past Participle: Behaved

Example: The children behaved well at the party.

Translation: Los niños se comportaron bien en la fiesta.

Verb: Breathe

Translation: Respirar

Pronunciation: **BRI**ith

Past Participle: Breathed

Example: She breathed deeply to calm herself.

Translation: Respiró profundamente para calmarse.

Verb: Calculate

Translation: Calcular

Pronunciation: <u>KAL</u>-kyu-layt

Past Participle: Calculated

Example: He calculated the total cost of the items.

Translation: Calculó el costo total de los artículos.

Verb: Change

Translation: Cambiar

Pronunciation: chench

Past Participle: Changed

Example: We changed our plans for the weekend.

Translation: Cambiamos nuestros planes para el fin de semana.

Verb: Check

Translation: Revisar

Pronunciation: chek

Past Participle: Checked

Example: She checked her email for new messages.

Translation: Revisó su correo electrónico en busca de nuevos mensajes.

Verb: Clean

Translation: Limpiar

Pronunciation: **KLI**in

Past Participle: Cleaned

Example: They cleaned the house before the guests arrived.

Translation: Limpiaron la casa antes de que llegaran los invitados.

Verb: Collect

Translation: Coleccionar

Pronunciation: ko-**LEKT**

Past Participle: Collected

Example: He collected stamps as a hobby.

Translation: Coleccionaba sellos como pasatiempo.

Verb: Communicate

Translation: Comunicar

Pronunciation: ko-**MYU**u-ni-kayt

Past Participle: Communicated

Example: They communicated their ideas through email.

Translation: Comunicaron sus ideas por correo electrónico.

Verb: Compare

Translation: Comparar

Pronunciation: kom-**PE**er

Past Participle: Compared

Example: She compared prices before making a purchase.

Translation: Comparó los precios antes de hacer una compra.

Verb: Complain

Translation: Quejarse

Pronunciation: ko-**PLEYN**

Past Participle: Complained

Example: He complained about the noisy neighbors.

Translation: Se quejó de los vecinos ruidosos.

Verb: Continue

Translation: Continuar

Pronunciation: kon-**TIN**-yu

Past Participle: Continued

Example: They continued working on the project.

Translation: Continuaron trabajando en el proyecto.

Verb: Cook

Translation: Cocinar

Pronunciation: **KU**uk

Past Participle: Cooked

Example: She cooked a delicious meal for her family.

Translation: Cocinó una comida deliciosa para su familia.

Verb: Correct

Translation: Corregir

Pronunciation: ko-**REKT**

Past Participle: Corrected

Example: He corrected the spelling mistakes in the document.

Translation: Corrigió los errores de ortografía en el documento.

Verb: Count

Translation: Contar

Pronunciation: kaunt

Past Participle: Counted

Example: We counted the number of people in the room.

Translation: Contamos el número de personas en la habitación.

Verb: Cover

Translation: Cubrir

Pronunciation: **KOV**-er

Past Participle: Covered

Example: She covered the table with a tablecloth.

Translation: Cubrió la mesa con un mantel.

Verb: Dance

Translation: Bailar

Pronunciation: dans

Past Participle: Danced

Example: They danced all night at the party.

Translation: Bailaron toda la noche en la fiesta.

Verb: Decorate

Translation: Decorar

Pronunciation: **DEK**-oh-rayt

Past Participle: Decorated

Example: She decorated the room for the party.

Translation: Decoró la habitación para la fiesta.

Verb: Deliver

Translation: Entregar

Pronunciation: di-**LIV**-er

Past Participle: Delivered

Example: He delivered the package to the recipient.

Translation: Entregó el paquete al destinatario.

Verb: Describe

Translation: Describir

Pronunciation: di-s**KRAY**b

Past Participle: Described

Example: She described her trip in detail.

Translation: Describió su viaje en detalle.

Verb: Discuss

Translation: Discutir

Pronunciation: di-**SKOSS**

Past Participle: Discussed

Example: They discussed the upcoming project.

Translation: Discutieron el proyecto próximo.

Verb: Dress

Translation: Vestir

Pronunciation: DRES

Past Participle: Dressed

Example: She dressed up for the party.

Translation: Se vistió para la fiesta.

Verb: Earn

Translation: Ganar (dinero)

Pronunciation: ERN

Past Participle: Earned

Example: He earned a lot of money from his job.

Translation: Ganó mucho dinero con su trabajo.

Verb: Enjoy

Translation: Disfrutar

Pronunciation: in-**JOY**

Past Participle: Enjoyed

Example: They enjoyed their vacation on the beach.

Translation: Disfrutaron de sus vacaciones en la playa.

Verb: Explain

Translation: Explicar

Pronunciation: ik-**SPLEYN**

Past Participle: Explained

Example: He explained the concept to the students.

Translation: Explicó el concepto a los estudiantes.

Verb: Farm

Translation: Cultivar

Pronunciation: FARM

Past Participle: Farmed

Example: They farmed the land to grow crops.

Translation: Cultivaron la tierra para cultivar cultivos.

Verb: Fill

Translation: Llenar

Pronunciation: FIL

Past Participle: Filled

Example: She filled the glass with water.

Translation: Llenó el vaso con agua.

Verb: Finish

Translation: Terminar

Pronunciation: **FIN**-ish

Past Participle: Finished

Example: They finished their meal and left the restaurant.

Translation: Terminaron su comida y salieron del restaurante.

Verb: Fix

Translation: Arreglar

Pronunciation: FIKS

Past Participle: Fixed

Example: He fixed the broken chair.

Translation: Arregló la silla rota.

Verb: Gather

Translation: Recoger

Pronunciation: **GA**D-er

Past Participle: Gathered

Example: They gathered flowers in the field.

Translation: Recogieron flores en el campo.

Verb: Hike

Translation: Hacer senderismo

Pronunciation: JAIK

Past Participle: Hiked

Example: They hiked in the mountains.

Translation: Hicieron senderismo en las montañas.

Verb: Improve

Translation: Mejorar

Pronunciation: im-**PRU**uV

Past Participle: Improved

Example: She improved her English speaking skills.

Translation: Mejoró sus habilidades de hablar inglés.

Verb: Include

Translation: Incluir

Pronunciation: in-**KLU**uD

Past Participle: Included

Example: They included a free gift with the purchase.

Translation: Incluyeron un regalo gratuito con la compra.

Verb: Increase

Translation: Aumentar

Pronunciation: in-**KRI**iSS

Past Participle: Increased

Example: They increased the price of the product.

Translation: Aumentaron el precio del producto.

Verb: Invite

Translation: Invitar

Pronunciation: in-**VAYT**

Past Participle: Invited

Example: She invited her friends to the party.

Translation: Invitó a sus amigos a la fiesta.

Verb: Iron

Translation: Planchar

Pronunciation: **AI**ron

Past Participle: Ironed

Example: He ironed his clothes before going out.

Translation: Planchó su ropa antes de salir.

Verb: Join

Translation: Unirse

Pronunciation: JOYN

Past Participle: Joined

Example: They joined the club to meet new people.

Translation: Se unieron al club para conocer gente nueva.

Verb: Jump

Translation: Saltar

Pronunciation: JUMP

Past Participle: Jumped

Example: They jumped over the obstacle.

Translation: Saltaron por encima del obstáculo.

Verb: Kiss

Translation: Besar

Pronunciation: KISS

Past Participle: Kissed

Example: They kissed each other goodbye.

Translation: Se besaron para despedirse.

Verb: Land

Translation: Aterrizar

Pronunciation: LAND

Past Participle: Landed

Example: The plane landed safely at the airport.

Translation: El avión aterrizó de manera segura en el aeropuerto.

Verb: Last

Translation: Durar

Pronunciation: LAST

Past Participle: Lasted

Example: The concert lasted three hours.

Translation: El concierto duró tres horas.

Verb: Like

Translation: Gustar

Pronunciation: LAIK

Past Participle: Liked

Example: I liked the movie we watched last night.

Translation: Me gustó la película que vimos anoche.

Verb: Listen

Translation: Escuchar

Pronunciation: **LIS**-en

Past Participle: Listened

Example: She listened to music on her headphones.

Translation: Escuchó música en sus audífonos.

Verb: Live

Translation: Vivir

Pronunciation: LIV

Past Participle: Lived

Example: He lived in New York City for five years.

Translation: Vivió en la ciudad de Nueva York durante cinco años.

Verb: Look

Translation: Mirar

Pronunciation: **LU**uK

Past Participle: Looked

Example: She looked out the window.

Translation: Miró por la ventana.

Verb: Love

Translation: Amar

Pronunciation: LOV

Past Participle: Loved

Example: They loved each other deeply.

Translation: Se amaban profundamente.

Verb: Manage

Translation: Manejar

Pronunciation: MAN-ich

Past Participle: Managed

Example: He managed the project successfully.

Translation: Manejó el proyecto exitosamente.

Verb: Need

Translation: Necesitar

Pronunciation: NiiD

Past Participle: Needed

Example: I needed a break after a long day.

Translation: Necesitaba un descanso después de un día largo.

Verb: Paint

Translation: Pintar

Pronunciation: PAYNT

Past Participle: Painted

Example: They painted the walls of their house.

Translation: Pintaron las paredes de su casa.

Verb: Rain

Translation: Llover

Pronunciation: REYN

Past Participle: Rained

Example: It rained heavily last night.

Translation: Llovió mucho anoche.

Verb: Reach

Translation: Alcanzar

Pronunciation: RiiCH

Past Participle: Reached

Example: They reached the top of the mountain.

Translation: Alcanzaron la cima de la montaña.

Verb: Remember

Translation: Recordar

Pronunciation: ree-**MEM**-ber

Past Participle: Remembered

Example: I remembered to bring my umbrella.

Translation: Recordé llevar mi paraguas.

Verb: Stay

Translation: Quedarse

Pronunciation: STEY

Past Participle: Stayed

Example: We stayed at a hotel during our vacation.

Translation: Nos quedamos en un hotel durante nuestras vacaciones.

Verb: Watch

Translation: Mirar

Pronunciation: WAHCH

Past Participle: Watched

Example: He watched a movie last night.

Translation: Miró una película anoche.

VERBOS REGULARES QUE SU TERMNACIÓN EN EL PARTICIPIO ES "D".

Verb: Bake

Translation: Hornear

Pronunciation: **BE**ik

Past Participle: Baked

Example: She baked a cake.

Translation: Ella horneó un pastel.

Verb: Expose

Translation: Exponer

Pronunciation: **EKS**pous

Past Participle: Exposed

Example: He exposed the truth.

Translation: Él expuso la verdad.

Verb: Escape

Translation: Escapar

Pronunciation: is**KEI**p

Past Participle: Escaped

Example: They escaped from the prison.

Translation: Ellos escaparon de la prisión.

Verb: Charge

Translation: Cobrar

Pronunciation: **CHA**rch

Past Participle: Charged

Example: They charged me too much for the service.

Translation: Me cobraron demasiado por el servicio.

Verb: Dance

Translation: Bailar

Pronunciation: dans

Past Participle: Danced

Example: We danced all night.

Translation: Bailamos toda la noche.

Verb: Deserve

Translation: Merecer

Pronunciation: di**SER**v

Past Participle: Deserved

Example: He deserved a reward.

Translation: Él merecía una recompensa.

Verb: Disguise

Translation: Disfrazar

Pronunciation: dis**GAIZ**

Past Participle: Disguised

Example: She disguised herself as a man.

Translation: Ella se disfrazó de hombre.

Verb: Encourage

Translation: Animar

Pronunciation: in**KA**rich

Past Participle: Encouraged

Example: I encouraged him to try again.

Translation: Le animé a intentarlo de nuevo.

Verb: Forgive

Translation: Perdonar

Pronunciation: for**GIV**

Past Participle: Forgave

Example: They forgave him for his mistakes.

Translation: Le perdonaron sus errores.

Verb: Invade

Translation: Invadir

Pronunciation: in**VEID**

Past Participle: Invaded

Example: The army invaded the city.

Translation: El ejército invadió la ciudad.

Verb: Joke

Translation: Bromear

Pronunciation: yok

Past Participle: Joked

Example: She joked about her situation.

Translation: Ella bromeó sobre su situación.

Verb: Manage

Translation: Administrar

Pronunciation: **MA**nich

Past Participle: Managed

Example: He managed the company for 10 years.

Translation: Él administró la empresa durante 10 años.

Verb: Notice

Translation: Notar

Pronunciation: **NO**tis

Past Participle: Noticed

Example: I noticed a change in his behavior.

Translation: Noté un cambio en su comportamiento.

Verb: Promise

Translation: Prometer

Pronunciation: **PRO**mis

Past Participle: Promised

Example: They promised to return.

Translation: Prometieron volver.

Verb: Realize

Translation: Darse cuenta

Pronunciation: rilais

Past Participle: **RE**alized

Example: She realized her mistake.

Translation: Se dio cuenta de su error.

Verb: Surprise

Translation: Sorprender

Pronunciation: sor**PRAIS**

Past Participle: Surprised

Example: You surprised me with your actions.

Translation: Me sorprendiste con tus acciones.

Verb: Tease

Translation: Burlarse

Pronunciation: tis

Past Participle: Teased

Example: He teased her about her new hairstyle.

Translation: Se burló de ella por su nuevo peinado.

Verb: Use

Translation: Usar

Pronunciation: ius

Past Participle: Used

Example: I used a pen to write the letter.

Translation: Usé un bolígrafo para escribir la carta.

Verb: Value

Translation: Valorar

Pronunciation: VAliu

Past Participle: Valued

Example: They valued their friendship.

Translation: Valoraron su amistad.

Verb: Wade

Translation: Vadear

Pronunciation: WEid

Past Participle: Waded

Example: We waded across the shallow river.

Translation: Vadearon el río poco profundo.

Verb: Explore

Translation: Explorar

Pronunciation: eks**PLOR**

Past Participle: Explored

Example: They explored the forest.

Translation: Exploraron el bosque.

Verb: Guide

Translation: Guiar

Pronunciation: **GA**id

Past Participle: Guided

Example: He guided them through the city.

Translation: Él los guió por la ciudad.

Verb: Imagine

Translation: Imaginar

Pronunciation: i**MA**yin

Past Participle: Imagined

Example: I imagined a better future.

Translation: Imaginé un futuro mejor.

Verb: Judge

Translation: Juzgar

Pronunciation: **YO**ch

Past Participle: Judged

Example: She judged him unfairly.

Translation: Ella lo juzgó injustamente.

Verb: Kindle

Translation: Encender

Pronunciation: **KIN**do

Past Participle: Kindled

Example: He kindled the fire.

Translation: Él encendió el fuego.

Verb: Love

Translation: Amar

Pronunciation: lov

Past Participle: Loved

Example: They loved each other deeply.

Translation: Se amaban profundamente.

Verb: Move

Translation: Mover

Pronunciation: muv

Past Participle: Moved

Example: We moved to a new city.

Translation: Nos mudamos a una nueva ciudad.

Verb: Nudge

Translation: Empujar suavemente

Pronunciation: **NA**ch

Past Participle: Nudged

Example: She nudged him to keep quiet.

Translation: Ella lo empujó suavemente para que se quedara quieto.

Verb: Prune

Translation: Podar

Pronunciation: prun

Past Participle: Pruned

Example: They pruned the tree.

Translation: Poda el árbol.

Verb: Quake

Translation: Temblar

Pronunciation: **KEI**k

Past Participle: Quaked

Example: The ground quaked during the earthquake.

Translation: La tierra tembló durante el terremoto.

Verb: Race

Translation: Correr

Pronunciation: **RE**is

Past Participle: Raced

Example: He raced to the finish line.

Translation: Corrió hasta la línea de meta.

Verb: Stare

Translation: Mirar fijamente

Pronunciation: s**TER**

Past Participle: Stared

Example: She stared at the painting.

Translation: Ella miró fijamente el cuadro.

Verb: Type

Translation: Teclear

Pronunciation: **TA**ip

Past Participle: Typed

Example: I typed the report.

Translation: Tecleé el informe.

Verb: Unite

Translation: Unir

Pronunciation: iu**NAI**t

Past Participle: United

Example: They united for a common cause.

Translation: Se unieron por una causa común.

Verb: Venture

Translation: Aventurar

Pronunciation: **VEN**cher

Past Participle: Ventured

Example: He ventured into the unknown.

Translation: Se aventuró en lo desconocido.

Verb: Wipe

Translation: Limpiar

Pronunciation: **WA**ip

Past Participle: Wiped

Example: She wiped the table clean.

Translation: Ella limpió la mesa.

Verb: Excite

Translation: Emocionar

Pronunciation: ek**SAIT**

Past Participle: Excited

Example: The news excited everyone.

Translation: La noticia emocionó a todos.

Verb: Yoke

Translation: Uncir

Pronunciation: yok

Past Participle: Yoked

Example: The oxen were yoked together.

Translation: Los bueyes fueron uncidos juntos.

Verb: Zeal

Translation: Enthusiasmo

Pronunciation: zil

Past Participle: Zealed

Example: She displayed her zeal for the project.

Translation: Ella mostró su entusiasmo por el proyecto.

Verb: Acquire

Translation: Adquirir

Pronunciation: a**KWAI**r

Past Participle: Acquired

Example: They acquired a new company.

Translation: Adquirieron una nueva empresa.

Verb: Breathe

Translation: Respirar

Pronunciation: **BRI**z

Past Participle: Breathed

Example: He breathed deeply.

Translation: Él respiró profundamente.

Verb: Calculate

Translation: Calcular

Pronunciation: **KAL**kiuleit

Past Participle: Calculated

Example: I calculated the total cost.

Translation: Calculé el costo total.

Verb: Devote

Translation: Dedicar

Pronunciation: di**VOUT**

Past Participle: Devoted

Example: She devoted her life to helping others.

Translation: Ella dedicó su vida a ayudar a los demás.

Verb: Evolve

Translation: Evolucionar

Pronunciation: i**VOL**v

Past Participle: Evolved

Example: The species evolved over millions of years.

Translation: La especie evolucionó a lo largo de millones de años.

Verb: Facilitate

Translation: Facilitar

Pronunciation: fa**SI**liteit

Past Participle: Facilitated

Example: He facilitated the meeting.

Translation: Él facilitó la reunión.

Verb: Generate

Translation: Generar

Pronunciation: **YE**nerit

Past Participle: Generated

Example: The plant generated electricity.

Translation: La planta generó electricidad.

Verb: Hibernate

Translation: Hibernar

Pronunciation: **JAI**bernit

Past Participle: Hibernated

Example: The bear hibernated in the cave.

Translation: El oso hibernó en la cueva.

Verb: Investigate

Translation: Investigar

Pronunciation: in**VES**tigeit

Past Participle: Investigated

Example: She investigated the crime scene.

Translation: Ella investigó la escena del crimen.

Verb: Justify

Translation: Justificar

Pronunciation: yustifai

Past Participle: Justified

Example: He justified his actions.

Translation: Él justificó sus acciones.

Verb: Luxuriate

Translation: Deleitarse

Pronunciation: luk**SHU**rieit

Past Participle: Luxuriated

Example: He luxuriated in the warm bath.

Translation: Él se deleitó en el baño caliente.

Verb: Meditate

Translation: Meditar

Pronunciation: **ME**diteit

Past Participle: Meditated

Example: She meditated for an hour.

Translation: Ella meditó durante una hora.

Verb: Navigate

Translation: Navegar

Pronunciation: **NA**vigeit

Past Participle: Navigated

Example: They navigated the maze.

Translation: Navegaron por el laberinto.

Verb: Operate

Translation: Operar

Pronunciation: **O**pereit

Past Participle: Operated

Example: He operated the machine.

Translation: Él operó la máquina.

Verb: Penetrate

Translation: Penetrar

Pronunciation: **PE**netreit

Past Participle: Penetrated

Example: The bullet penetrated the wall.

Translation: La bala penetró la pared.

Verb: Quantitate

Translation: Cuantificar

Pronunciation: **KUAN**titeit

Past Participle: Quantitated

Example: She quantitated the substances in the lab.

Translation: Ella cuantificó las sustancias en el laboratorio.

Verb: Radiate

Translation: Radiar

Pronunciation: **REI**dieit

Past Participle: Radiated

Example: The sun radiated heat.

Translation: El sol radiaba calor.

Verb: Stimulate

Translation: Estimular

Pronunciation: s**TI**muleit

Past Participle: Stimulated

Example: The teacher stimulated the students' interest.

Translation: El profesor estimuló el interés de los estudiantes.

Verb: Tolerate

Translation: Tolerar

Pronunciation: **TO**lereit

Past Participle: Tolerated

Example: She tolerated the cold weather.

Translation: Ella toleró el clima frío.

Verb: Utilize

Translation: Utilizar

Pronunciation: **IU**tilaiz

Past Participle: Utilized

Example: He utilized the tools to fix the car.

Translation: Utilizó las herramientas para arreglar el coche.

Verb: Validate

Translation: Validar

Pronunciation: **VA**lideit

Past Participle: Validated

Example: She validated the document.

Translation: Ella validó el documento.

Verb: Mediate

Translation: Mediar

Pronunciation: **MI**dieit

Past Participle: Mediated

Example: The counselor mediated the dispute.

Translation: El consejero medió en la disputa.

Verb: Activate

Translation: Activar

Pronunciation: **AK**tiveit

Past Participle: Activated

Example: She activated the alarm system.

Translation: Ella activó el sistema de alarma.

Verb: Calibrate

Translation: Calibrar

Pronunciation: **KA**libreit

Past Participle: Calibrated

Example: The technician calibrated the instrument.

Translation: El técnico calibró el instrumento.

Verb: Modulate

Translation: Modular

Pronunciation: **MO**djuleit

Past Participle: Modulated

Example: He modulated his voice.

Translation: El moduló su voz.

Verb: innovate

Translation: **IN**novar

Pronunciation: inoveit

Past Participle: Innovated

Example: They innovated the industry with their new product.

Translation: Innovaron la industria con su nuevo producto.

Verb: Speculate

Translation: Especular

Pronunciation: s**PE**kiuleit

Past Participle: Speculated

Example: She speculated about their intentions.

Translation: Ella especuló acerca de sus intenciones.

Verb: Incorporate

Translation: Incorporar

Pronunciation: in**KOR**poireit

Past Participle: Incorporated

Example: They incorporated the changes into the new design.

Translation: Incorporaron los cambios en el nuevo diseño.

Verb: Evaluate

Translation: E**VA**luar

Pronunciation: ivaiuueit

Past Participle: Evaluated

Example: The teacher evaluated the students' assignments.

Translation: El profesor evaluó las tareas de los estudiantes.

Verb: Illustrate

Translation: Ilustrar

Pronunciation: **I**lustreit

Past Participle: Illustrated

Example: She illustrated the story with beautiful drawings.

Translation: Ella ilustró la historia con hermosos dibujos.

Verb: Negotiate

Translation: Negociar

Pronunciation: ni**GO**sieit

Past Participle: Negotiated

Example: He negotiated a better deal.

Translation: Él negoció un mejor acuerdo.

Verb: Originate

Translation: Originar

Pronunciation: o**RI**jineit

Past Participle: Originated

Example: The idea originated from a brainstorming session.

Translation: La idea se originó en una sesión de brainstorming.

Verb: Appreciate

Translation: Apreciar

Pronunciation: a**PRI**sieit

Past Participle: Appreciated

Example: I appreciate your help.

Translation: Aprecio tu ayuda.

Verb: Exaggerate

Translation: Exagerar

Pronunciation: i**ZA**jereit

Past Participle: Exaggerated

Example: She tends to exaggerate her stories.

Translation: Ella tiende a exagerar sus historias.

VERBOS REGULARES QUE SU TERMNACIÓN EN EL PARTICIPIO ES "IED".

Verb: Identify

Translation: Identificar

Pronunciation: ai**DÉN**tifai

Past Participle: Identified

Example: He identified the problem quickly.

Translation: Identificó el problema rápidamente.

Verb: Justify

Translation: Justificar

Pronunciation: <u>YOS</u>tifai

Past Participle: Justified

Example: She justified her decision to her parents.

Translation: Justificó su decisión a sus padres.

Verb: Qualify

Translation: Calificar

Pronunciation: <u>KUA</u>lifai

Past Participle: Qualified

Example: They qualified for the final round.

Translation: Calificaron para la ronda final.

Verb: Multiply

Translation: Multiplicar

Pronunciation: <u>MÚL</u>tiplai

Past Participle: Multiplied

Example: He multiplied the numbers in his head.

Translation: Multiplicó los números en su cabeza.

Verb: Satisfy

Translation: Satisfacer

Pronunciation: satis<u>FAI</u>

Past Participle: Satisfied

Example: The meal satisfied my hunger.

Translation: La comida satisfizo mi hambre.

Verb: Study

Translation: Estudiar

Pronunciation: s**TA**di

Past Participle: Studied

Example: He studied for the exam.

Translation: Él estudió para el examen.

Verb: Apply

Translation: Aplicar

Pronunciation: a**PLAI**

Past Participle: Applied

Example: She applied for the job.

Translation: Ella solicitó el trabajo.

Verb: Carry

Translation: Cargar

Pronunciation: **KA**ri

Past Participle: Carried

Example: He carried the bag.

Translation: Él cargó la bolsa.

Verb: Marry

Translation: Casarse

Pronunciation: **MA**ri

Past Participle: Married

Example: They got married last year.

Translation: Se casaron el año pasado.

Verb: Worry

Translation: Preocuparse

Pronunciation: **WO**ri

Past Participle: Worried

Example: She worried about the results.

Translation: Ella se preocupó por los resultados.

Verbo: Nonclassified

Traducción: No clasificado

Pronunciación: "non-**CLA**si-faid"

Participio pasado: Nonclassified

Ejemplo: The document was nonclassified.

Traducción: El documento no estaba clasificado.

Verbo: Misclassified

Traducción: Clasificado incorrectamente

Pronunciación: "mis-**CLA**si-faid"

Participio pasado: Misclassified

Ejemplo: The item was misclassified.

Traducción: El artículo fue clasificado incorrectamente.

Verbo: Subclassified

Traducción: Subclasificado

Pronunciación: "sub-**CLA**si-faid"

Participio pasado: Subclassified

Ejemplo: The species was subclassified.

Traducción: La especie fue subclasificada.

Verbo: Unelectrified

Traducción: No electrificado

Pronunciación: "un-elec-**TRI**faid"

Participio pasado: Unelectrified

Ejemplo: The area remained unelectrified.

Traducción: El área permaneció sin electrificar.

Verbo: Nonesterified

Traducción: No esterificado

Pronunciación: "non-es-**TE**ri-faid"

Participio pasado: Nonesterified

Ejemplo: The chemical compound is nonesterified.

Traducción: El compuesto químico no está esterificado.

Verbo: Ultrararefied

Traducción: Ultra purificado

Pronunciación: "ultra-**RA**ri-faid"

Participio pasado: Ultrararefied

Ejemplo: The gas was ultrararefied.

Traducción: El gas estaba ultra purificado.

Verbo: Hypertrophied

Traducción: Hipertrofiado

Pronunciación: "hiper-**TRO**fi-faid"

Participio pasado: Hypertrophied

Ejemplo: His muscles were hypertrophied from exercise.

Traducción: Sus músculos estaban hipertrofiados por el ejercicio.

Verbo: Presanctified

Traducción: Presantificado

Pronunciación: "pre-**SAN**ti-faid"

Participio pasado: Presanctified

Ejemplo: The bread for communion was presanctified.

Traducción: El pan para la comunión fue presantificado.

Verbo: Misidentified

Traducción: Identificado incorrectamente

Pronunciación: "mis-i-**DEN**ti-faid"

Participio pasado: Misidentified

Ejemplo: The suspect was misidentified.

Traducción: El sospechoso fue identificado incorrectamente.

Verbo: Disquantitied

Traducción: Des-cuantificado

Pronunciación: "dis-kwanti-**TID**"

Participio pasado: Disquantitied

Ejemplo: The data was disquantitied.

Traducción: Los datos fueron des-cuantificados.

Verbo: Dissatisfied

Traducción: Insatisfecho

Pronunciación: "dis-**SA**-tis-faid"

Participio pasado: Dissatisfied

Ejemplo: He was dissatisfied with the results.

Traducción: Estaba insatisfecho con los resultados.

Verbo: Unidentified

Traducción: No identificado

Pronunciación: "an-ai-**DEN**-ti-faid"

Participio pasado: Unidentified

Ejemplo: There was an unidentified object in the sky.

Traducción: Había un objeto no identificado en el cielo.

Verbo: Unclassified

Traducción: Sin clasificar

Pronunciación: "an-**CLA**-si-faid"

Participio pasado: Unclassified

Ejemplo: The document remained unclassified.

Traducción: El documento permaneció sin clasificar.

Verbo: Unstratified

Traducción: No estratificado

Pronunciación: "an-**STRA**-ti-faid"

Participio pasado: Unstratified

Ejemplo: The data was unstratified.

Traducción: Los datos no estaban estratificados.

Verbo: Reidentified

Traducción: Reidentificado

Pronunciación: "ri-ai-**DEN**-ti-faid"

Participio pasado: Reidentified

Ejemplo: The object was reidentified.

Traducción: El objeto fue reidentificado.

Verbo: Noncertified

Traducción: No certificado

Pronunciación: "non-**CER**-ti-faid"

Participio pasado: Noncertified

Ejemplo: He was a noncertified professional.

Traducción: Era un profesional no certificado.

Verbo: Dillydallied

Traducción: Perdió el tiempo

Pronunciación: "**DIL**-y-dal-ied"

Participio pasado: Dillydallied

Ejemplo: He dillydallied the whole day.

Traducción: Él perdió el tiempo todo el día.

Verbo: Oversupplied

Traducción: Sobreabastecido

Pronunciación: "o-ver-su-**PLAID**"

Participio pasado: Oversupplied

Ejemplo: The market was oversupplied.

Traducción: El mercado estaba sobreabastecido.

Verbo: Declassified

Traducción: Desclasificado

Pronunciación: "de-**CLA**-si-faid"

Participio pasado: Declassified

Ejemplo: The information was declassified.

Traducción: La información fue desclasificada.

Verbo: Reclassified

Traducción: Reclasificado

Pronunciación: "ri-**CLA**-si-faid"

Participio pasado: Reclassified

Ejemplo: The item was reclassified.

Traducción: El artículo fue reclasificado.

Verbo: Ungentrified

Traducción: No gentrificado

Pronunciación: "an-**JEN**-tri-faid"

Participio pasado: Ungentrified

Ejemplo: The neighborhood remained ungentrified.

Traducción: El vecindario permaneció sin gentrificar.

Verbo: Saccharified

Traducción: Sacarificado

Pronunciación: "sa-**KA**-ri-faid"

Participio pasado: Saccharified

Ejemplo: The mixture was saccharified.

Traducción: La mezcla fue sacarificada.

Verbo: Presignified

Traducción: Pre-significado

Pronunciación: "pri-**SIG**-ni-faid"

Participio pasado: Presignified

Ejemplo: The signs presignified the events.

Traducción: Los signos pre-significaban los eventos.

Verbo: Disqualified

Traducción: Descalificado

Pronunciación: "dis-**KWA**-li-faid"

Participio pasado: Disqualified

Ejemplo: He was disqualified from the competition.

Traducción: Fue descalificado de la competencia.

Verbo: Prequalified

Traducción: Pre-calificado

Pronunciación: "pri-**KWA**-li-faid"

Participio pasado: Prequalified

Ejemplo: He prequalified for the loan.

Traducción: Fue precalificado para el préstamo.

Verbo: Understudied

Traducción: Estudió insuficientemente

Pronunciación: "un-der-**STU**-did"

Participio pasado: Understudied

Ejemplo: She understudied the material for the exam.

Traducción: Ella estudió insuficientemente el material para el examen.

Verbo: Resolidified

Traducción: Resolidificado

Pronunciación: "re-so-**LI**-di-faid"

Participio pasado: Resolidified

Ejemplo: The material resolidified after cooling.

Traducción: El material se resolidificó después de enfriarse.

Verbo: Dehumidified

Traducción: Deshumidificado

Pronunciación: "de-hyu-**MI**-di-faid"

Participio pasado: Dehumidified

Ejemplo: The air in the room was dehumidified.

Traducción: El aire en la habitación fue deshumidificado.

Verbo: Prespecified

Traducción: Preespecificado

Pronunciación: "pri-**SPE**-ci-faid"

Participio pasado: Prespecified

Ejemplo: The terms were prespecified in the contract.

Traducción: Los términos fueron preespecificados en el contrato.

Verbo: Multistoried

Traducción: De varios pisos

Pronunciación: "mul-ti-**STO**-rid"

Participio pasado: Multistoried

Ejemplo: He lived in a multistoried building.

Traducción: Vivía en un edificio de varios pisos.

Verbo: Intermarried

Traducción: Casado entre sí

Pronunciación: "in-ter-**MAR**-rid"

Participio pasado: Intermarried

Ejemplo: The two families intermarried.

Traducción: Las dos familias se casaron entre sí.

Verbo: Preoccupied

Traducción: Preocupado

Pronunciación: "pri-**O**-ku-paid"

Participio pasado: Preoccupied

Ejemplo: She was preoccupied with her work.

Traducción: Ella estaba preocupada con su trabajo.

Verbo: Unspecified

Traducción: No especificado

Pronunciación: "an-**SPE**-si-faid"

Participio pasado: Unspecified

Ejemplo: There were unspecified errors in the report.

Traducción: Había errores no especificados en el informe.

Verbo: Unqualified

Traducción: No calificado

Pronunciación: "an-**KWA**-li-faid"

Participio pasado: Unqualified

Ejemplo: He was unqualified for the job.

Traducción: No estaba calificado para el trabajo.

Verbo: Unjustified

Traducción: Injustificado

Pronunciación: "an-**JUS**-ti-faid"

Participio pasado: Unjustified

Ejemplo: The accusations were unjustified.

Traducción: Las acusaciones eran injustificadas.

Verbo: Unsatisfied

Traducción: Insatisfecho

Pronunciación: "an-**SAT**-is-faid"

Participio pasado: Unsatisfied

Ejemplo: He was unsatisfied with the result.

Traducción: Estaba insatisfecho con el resultado.

Verbo: Undignified

Traducción: Indigno

Pronunciación: "an-**DIG**-ni-faid"

Participio pasado: Undignified

Ejemplo: His behavior was undignified.

Traducción: Su comportamiento era indigno.

Verbo: Uncertified

Traducción: No certificado

Pronunciación: "an-**SER**-ti-faid"

Participio pasado: Uncertified

Ejemplo: The product was uncertified.

Traducción: El producto no estaba certificado.

Verbo: Countrified

Traducción: Rústico

Pronunciación: "**COUN**-tri-faid"

Participio pasado: Countrified

Ejemplo: He lived in a countrified area.

Traducción: Vivía en una zona rústica.

Verbo: Unamplified

Traducción: No amplificado

Pronunciación: "an-**AM**-pli-faid"

Participio pasado: Unamplified

Ejemplo: The sound was unamplified.

Traducción: El sonido no estaba amplificado.

Verbo: Unfortified

Traducción: No fortificado

Pronunciación: "an-**FOR**-ti-faid"

Participio pasado: Unfortified

Ejemplo: The city was unfortified.

Traducción: La ciudad no estaba fortificada.

Verbo: Countryfied

Traducción: Campestre

Pronunciación: "**COUN**-tri-faid"

Participio pasado: Countryfied

Ejemplo: They lived in a countryfied area.

Traducción: Vivían en una zona campestre.

Verbo: Resensitized

Traducción: Re-sensibilizado

Pronunciación: "re-**SEN**-si-tiz"

Participio pasado: Resensitized

Ejemplo: He was resensitized to the medication.

Traducción: Fue re-sensibilizado al medicamento.

Verbo: Undiversified

Traducción: No diversificado

Pronunciación: "an-di-**VER**-si-faid"

Participio pasado: Undiversified

Ejemplo: His portfolio was undiversified.

Traducción: Su cartera estaba sin diversificar.

Verbo: Unidentified

Traducción: No identificado

Pronunciación: "an-i-**DEN**-ti-faid"

Participio pasado: Unidentified

Ejemplo: The object was unidentified.

Traducción: El objeto no estaba identificado.

Verbo: Underqualified

Traducción: Subcalificado

Pronunciación: "un-der-**KWA**-li-faid"

Participio pasado: Underqualified

Ejemplo: He was underqualified for the position.

Traducción: Estaba subcalificado para el puesto.

Verbo: Oversimplified

Traducción: Simplificado en exceso

Pronunciación: "o-ver-**SIM**-pli-faid"

Participio pasado: Oversimplified

Ejemplo: The explanation was oversimplified.

Traducción: La explicación fue simplificada en exceso.

Verbo: Redignified

Traducción: Re-dignificado

Pronunciación: "re-**DIG**-ni-faid"

Participio pasado: Redignified

Ejemplo: The building was redignified with renovations.

Traducción: El edificio fue re-dignificado con renovaciones.

Verbo: Semiquantified

Traducción: Semi-cuantificado

Pronunciación: "se-mi-**KWAN**-ti-faid"

Participio pasado: Semiquantified

Ejemplo: The data was semiquantified.

Traducción: Los datos estaban semi-cuantificados.

Verbo: Nonspecified

Traducción: No especificado

Pronunciación: "non-**SPE**-ci-faid"

Participio pasado: Nonspecified

Ejemplo: The error was nonspecified.

Traducción: El error no estaba especificado.

Verbo: Underutilized

Traducción: Subutilizado

Pronunciación: "un-der-**YU**-ti-laid"

Participio pasado: Underutilized

Ejemplo: The equipment was underutilized.

Traducción: El equipo estaba subutilizado.

Verbo: Misidentified

Traducción: Identificado erróneamente

Pronunciación: "mis-i-**DEN**-ti-faid"

Participio pasado: Misidentified

Ejemplo: The suspect was misidentified.

Traducción: El sospechoso fue identificado erróneamente.

Verbo: Overqualified

Traducción: Sobrecalificado

Pronunciación: "o-ver-**KWA**-li-faid"

Participio pasado: Overqualified

Ejemplo: He was overqualified for the job.

Traducción: Estaba sobrecalificado para el trabajo.

Verbo: Undiversified

Traducción: No diversificado

Pronunciación: "un-di-**VER**-si-faid"

Participio pasado: Undiversified

Ejemplo: His investment portfolio was undiversified.

Traducción: Su cartera de inversiones no estaba diversificada.

Verbo: Overspecified

Traducción: Especificado en exceso

Pronunciación: "o-ver-**SPE**-si-faid"

Participio pasado: Overspecified

Ejemplo: The design was overspecified.

Traducción: El diseño estaba especificado en exceso.

Verbo: Overcapitalized

Traducción: Sobre capitalizado

Pronunciación: "o-ver-**KA**-pi-ta-laiz"

Participio pasado: Overcapitalized

Ejemplo: The company was overcapitalized.

Traducción: La empresa estaba sobre capitalizada.

Verbo: Underestimated

Traducción: Subestimado

Pronunciación: "un-der-**ES**-ti-mait"

Participio pasado: Underestimated

Ejemplo: The cost was underestimated.

Traducción: El costo fue subestimado.

Verbo: Overestimated

Traducción: Sobreestimado

Pronunciación: "o-ver-**ES**-ti-meit"

Participio pasado: Overestimated

Ejemplo: The project's timeline was overestimated.

Traducción: El plazo del proyecto fue sobreestimado.

Verbo: Reclassified

Traducción: Reclasificado

Pronunciación: "re-**KLA**-si-faid"

Participio pasado: Reclassified

Ejemplo: The asset was reclassified.

Traducción: El activo fue reclasificado.

Verbo: Dehumanized

Traducción: Deshumanizado

Pronunciación: "de-**JIU**-ma-naizd"

Participio pasado: Dehumanized

Ejemplo: The prisoners were dehumanized.

Traducción: Los prisioneros fueron deshumanizados.

Verbo: Revolutionized

Traducción: Revolucionado

Pronunciación: "re-vo-**LU**-sio-naisd"

Participio pasado: Revolutionized

Ejemplo: The internet has revolutionized communication.

Traducción: El internet ha revolucionado la comunicación.

Verbo: Undervalued

Traducción: Infravalorado

Pronunciación: "un-der-**VA**-liud"

Participio pasado: Undervalued

Ejemplo: The property was undervalued.

Traducción: La propiedad estaba infravalorada.

Verbo: Overvalued

Traducción: Sobrevalorado

Pronunciación: "o-ver-**VA**-liud"

Participio pasado: Overvalued

Ejemplo: The shares were overvalued.

Traducción: Las acciones estaban sobrevaloradas.

Verbo: Deemphasized

Traducción: Desenfatizado

Pronunciación: "de-**EM**-fa-sized"

Participio pasado: Deemphasized

Ejemplo: The importance of the issue was deemphasized.

Traducción: Se desenfatizó la importancia del problema.

Verbo: Personalized

Traducción: Personalizado

Pronunciación: "per-**SO**-na-lized"

Participio pasado: Personalized

Ejemplo: The gift was personalized.

Traducción: El regalo fue personalizado.

Verbo: Reorganized

Traducción: Reorganizado

Pronunciación: "re-**OR**-ga-nized"

Participio pasado: Reorganized

Ejemplo: The company was reorganized.

Traducción: La empresa fue reorganizada.

Verbo: Disorganized

Traducción: Desorganizado

Pronunciación: "dis-OR-ga-nized"

Participio pasado: Disorganized

Ejemplo: The event was disorganized.

Traducción: El evento estaba desorganizado.

Verbo: UnderaPPREciated

Traducción: Infravalorado

Pronunciación: "un-der-a-pre-ci-a-ted"

Participio pasado: Underappreciated

Ejemplo: His work was underappreciated.

Traducción: Su trabajo estaba infravalorado.

Verbo: MisunderSTUUD

Traducción: Malentendido

Pronunciación: "mis-un-der-stud"

Participio pasado: Misunderstood

Ejemplo: His message was misunderstood.

Traducción: Su mensaje fue malentendido.

Verbo: UnREcognized

Traducción: No reconocido

Pronunciación: "an-re-co-gnized"

Participio pasado: Unrecognized

Ejemplo: His contribution was unrecognized.

Traducción: Su contribución no fue reconocida.

Verbo: Underserved

Traducción: Desatendido

Pronunciación: "un-der-SER-ved"

Participio pasado: Underserved

Ejemplo: The community was underserved.

Traducción: La comunidad estaba desatendida.

Verbo: Overworked

Traducción: Sobreexplotado

Pronunciación: "o-ver-WUR-ked"

Participio pasado: Overworked

Ejemplo: The employees were overworked.

Traducción: Los empleados estaban sobreexplotados.

Verbo: Underworked

Traducción: Subexplotado

Pronunciación: "un-der-WUR-ked"

Participio pasado: Underworked

Ejemplo: The team was underworked.

Traducción: El equipo estaba subexplotado.

Verbo: Romanticized

Traducción: Romanticizado

Pronunciación: "ro-man-ti-CIZED"

Participio pasado: Romanticized

Ejemplo: The past was romanticized.

Traducción: El pasado fue romanticizado.

Verbo: Capitalized

Traducción: Capitalizado

Pronunciación: "KA-pi-ta-lized"

Participio pasado: Capitalized

Ejemplo: He capitalized on the opportunity.

Traducción: Él capitalizó la oportunidad.

Verbo: Specialized

Traducción: Especializado

Pronunciación: "SPE-cia-lized"

Participio pasado: Specialized

Ejemplo: She specialized in neurology.

Traducción: Ella se especializó en neurología.

Verbo: Generalized

Traducción: Generalizado

Pronunciación: "GE-ne-ra-lized"

Participio pasado: Generalized

Ejemplo: There was a generalized panic.

Traducción: Hubo un pánico generalizado.

Verbo: Polarized

Traducción: Polarizado

Pronunciación: "PO-la-rized"

Participio pasado: Polarized

Ejemplo: The society was polarized.

Traducción: La sociedad estaba polarizada.

Verbo: Neutralized

Traducción: Neutralizado

Pronunciación: "NEU-tra-lized"

Participio pasado: Neutralized

Ejemplo: The threat was neutralized.

Traducción: La amenaza fue neutralizada.

Verbo: Minimized

Traducción: Minimizado

Pronunciación: "MI-ni-mized"

Participio pasado: Minimized

Ejemplo: The risk was minimized.

Traducción: El riesgo fue minimizado.

Verbo: Maximized

Traducción: Maximizado

Pronunciación: "MA-xi-mized"

Participio pasado: Maximized

Ejemplo: The profits were maximized.

Traducción: Las ganancias fueron maximizadas.

Verbos irregulares.

Los verbos irregulares son una parte importante del idioma inglés y pueden presentar un desafío para los estudiantes que están aprendiendo el idioma. A diferencia de los verbos regulares, los verbos irregulares no siguen patrones de conjugación predecibles y requieren un aprendizaje individualizado. Sin embargo, dominar los verbos irregulares es fundamental para hablar y entender el inglés de manera efectiva.

Consejos para una buena pronunciación y aprendizaje de los verbos irregulares:

Escucha y familiarízate con la pronunciación: La pronunciación de los verbos irregulares puede variar en comparación con su forma base. Escucha atentamente la pronunciación correcta de los verbos irregulares y practica repetirlos en voz alta. Utiliza recursos como grabaciones de audio o aplicaciones de pronunciación para mejorar tu habilidad para pronunciarlos correctamente.

Memoriza la forma base, el pasado simple y el participio pasado: Cada verbo irregular tiene su propia forma base, pasado simple y participio pasado. Asegúrate de memorizar estos tres elementos para cada verbo irregular que estudies. La repetición y la práctica regular te ayudarán a retener esta información de manera más efectiva.

Crea tarjetas de estudio: Utiliza tarjetas de estudio para ayudarte a memorizar los verbos irregulares. Escribe el verbo base en un lado de la tarjeta y su pasado simple y participio pasado en el otro lado. Repasa estas tarjetas regularmente para reforzar tu conocimiento de los verbos irregulares.

Utiliza los verbos irregulares en contexto: Prueba a utilizar los verbos irregulares en oraciones y conversaciones reales. Esto te ayudará a entender cómo se aplican en diferentes contextos y a mejorar tu fluidez en el uso de los verbos irregulares.

Practica con ejercicios y actividades: Realiza ejercicios y actividades específicas para practicar los verbos irregulares. Esto puede incluir completar frases, escribir oraciones o participar en actividades de diálogo. Cuanto más practiques, más familiarizado te sentirás con los verbos irregulares y más confianza ganarás en su uso.

Recuerda que el aprendizaje de los verbos irregulares lleva tiempo y práctica. Sé paciente contigo mismo y mantén una actitud constante de aprendizaje. Con dedicación y perseverancia, podrás dominar los verbos irregulares y mejorar tu habilidad para comunicarte en inglés de manera más efectiva.

EMPECEMOS CON LOS VERBOS IRREGULARES.

Verbo: Go

Traducción: Ir

Pronunciación: "go"

Participio pasado: Gone

Ejemplo: He has gone to the store.

Traducción: Él ha ido a la tienda.

Verbo: Be

Traducción: Ser / Estar

Pronunciación: "bi"

Participio pasado: Been

Ejemplo: I have been to Spain.

Traducción: He estado en España.

Verbo: Have

Traducción: Tener

Pronunciación: "hav"

Participio pasado: Had

Ejemplo: I have had a long day.

Traducción: He tenido un largo día.

Verbo: Do

Traducción: Hacer

Pronunciación: "du"

Participio pasado: Done

Ejemplo: We have done our homework.

Traducción: Hemos hecho nuestra tarea.

Verbo: Say

Traducción: Decir

Pronunciación: "SEi"

Participio pasado: Said

Ejemplo: She has said it before.

Traducción: Ella lo ha dicho antes.

Verbo: See

Traducción: Ver

Pronunciación: "si"

Participio pasado: Seen

Ejemplo: I have seen that movie.

Traducción: He visto esa película.

Verbo: Come

Traducción: Venir

Pronunciación: "kom"

Participio pasado: Come

Ejemplo: They have come to visit.

Traducción: Han venido a visitar.

Verbo: Know

Traducción: Saber / Conocer

Pronunciación: "no"

Participio pasado: Known

Ejemplo: I have known him for years.

Traducción: Lo he conocido durante años.

Verbo: Give

Traducción: Dar

Pronunciación: "giv"

Participio pasado: Given

Ejemplo: She has given a lot of money to charity.

Traducción: Ella ha dado mucho dinero a la caridad.

Verbo: Find

Traducción: Encontrar

Pronunciación: "FAind"

Participio pasado: Found

Ejemplo: I have found my keys.

Traducción: He encontrado mis llaves.

Verbo: Tell

Traducción: Decir / Contar

Pronunciación: "tel"

Participio pasado: Told

Ejemplo: They have told the truth.

Traducción: Han dicho la verdad.

Verbo: Put

Traducción: Poner

Pronunciación: "put"

Participio pasado: Put

Ejemplo: I have put the book on the shelf.

Traducción: He puesto el libro en la estantería.

Verbo: Mean

Traducción: Significar / Querer decir

Pronunciación: "min"

Participio pasado: Meant

Ejemplo: She has meant every word she said.

Traducción: Ella ha querido decir cada palabra que dijo.

Verbo: Keep

Traducción: Mantener / Guardar

Pronunciación: "ki:p"

Participio pasado: Kept

Ejemplo: We have kept our promise.

Traducción: Hemos mantenido nuestra promesa.

Verbo: Begin

Traducción: Comenzar / Empezar

Pronunciación: "bi**GIN**"

Participio pasado: Begun

Ejemplo: They have begun a new project.

Traducción: Han comenzado un nuevo proyecto.

Verbo: Run

Traducción: Correr

Pronunciación: "ran"

Participio pasado: Run

Ejemplo: He has run in five marathons.

Traducción: Ha corrido en cinco maratones.

Verbo: Win

Traducción: Ganar

Pronunciación: "win"

Participio pasado: Won

Ejemplo: She has won many awards.

Traducción: Ella ha ganado muchos premios.

Verbo: Come

Traducción: Venir

Pronunciación: "kam"

Participio pasado: Come

Ejemplo: They have come to visit us.

Traducción: Han venido a visitarnos.

Verbo: Pay

Traducción: Pagar

Pronunciación: "PEi"

Participio pasado: Paid

Ejemplo: We have paid our bills.

Traducción: Hemos pagado nuestras facturas.

Verbo: Say

Traducción: Decir

Pronunciación: "<u>SE</u>i"

Participio pasado: Said

Ejemplo: She has said she would come.

Traducción: Ha dicho que vendría.

Verbo: Feel

Traducción: Sentir

Pronunciación: "fil"

Participio pasado: Felt

Ejemplo: I have felt better.

Traducción: Me he sentido mejor.

Verbo: Bring

Traducción: Traer

Pronunciación: "bring"

Participio pasado: Brought

Ejemplo: You have brought joy to my life.

Traducción: Has traído alegría a mi vida.

Verbo: Lose

Traducción: Perder

Pronunciación: "lus"

Participio pasado: Lost

Ejemplo: I have lost my keys.

Traducción: He perdido mis llaves.

Verbo: Meet

Traducción: Conocer/Encontrar

Pronunciación: "mit"

Participio pasado: Met

Ejemplo: We have met before.

Traducción: Nos hemos encontrado antes.

Verbo: Keep

Traducción: Mantener

Pronunciación: "kip"

Participio pasado: Kept

Ejemplo: She has kept all her old letters.

Traducción: Ha guardado todas sus viejas cartas.

Verbo: Teach

Traducción: Enseñar

Pronunciación: "tich"

Participio pasado: Taught

Ejemplo: He has taught Spanish for five years.

Traducción: Ha enseñado español durante cinco años.

Verbo: Stand

Traducción: Estar de pie

Pronunciación: "s**TAND**"

Participio pasado: Stood

Ejemplo: They have stood there for hours.

Traducción: Han estado allí de pie durante horas.

Verbo: Give

Traducción: Dar

Pronunciación: "giv"

Participio pasado: Given

Ejemplo: We have given a lot of thought to this problem.

Traducción: Hemos pensado mucho en este problema.

Verbo: Tell

Traducción: Decir, contar

Pronunciación: "tel"

Participio pasado: Told

Ejemplo: He has told us a fascinating story.

Traducción: Nos ha contado una historia fascinante.

Verbo: Begin

Traducción: Comenzar

Pronunciación: "bi**GÍN**"

Participio pasado: Begun

Ejemplo: I have begun to understand.

Traducción: He comenzado a entender.

Verbo: Fall

Traducción: Caer

Pronunciación: "fol"

Participio pasado: Fallen

Ejemplo: The leaves have fallen.

Traducción: Las hojas han caído.

Verbo: Drink

Traducción: Beber

Pronunciación: "drink"

Participio pasado: Drunk

Ejemplo: He has drunk all the water.

Traducción: Él ha bebido toda el agua.

Verbo: Drive

Traducción: Conducir

Pronunciación: "**DRA**iv"

Participio pasado: Driven

Ejemplo: I have driven this route many times.

Traducción: He conducido esta ruta muchas veces.

Verbo: Forget

Traducción: Olvidar

Pronunciación: "for**GET**"

Participio pasado: Forgotten

Ejemplo: She has forgotten her umbrella.

Traducción: Ella ha olvidado su paraguas.

Verbo: Break

Traducción: Romper

Pronunciación: "**BRE**ik"

Participio pasado: Broken

Ejemplo: I have broken my glasses.

Traducción: He roto mis gafas.

Verbo: Hide

Traducción: Ocultar

Pronunciación: "**JA**id"

Participio pasado: Hidden

Ejemplo: He has hidden the evidence.

Traducción: Ha ocultado la evidencia.

Verbo: Feel

Traducción: Sentir

Pronunciación: "fil"

Participio pasado: Felt

Ejemplo: I have felt happy today.

Traducción: Me he sentido feliz hoy.

Verbo: Hold

Traducción: Sostener

Pronunciación: "jold"

Participio pasado: Held

Ejemplo: She has held the baby all day.

Traducción: Ella ha sostenido al bebé todo el día.

Verbo: Hear

Traducción: Oír

Pronunciación: "jir"

Participio pasado: Heard

Ejemplo: I have heard this song before.

Traducción: He oído esta canción antes.

Verbo: Let

Traducción: Dejar

Pronunciación: "let"

Participio pasado: Let

Ejemplo: They have let the cat out.

Traducción: Han dejado salir al gato.

Verbo: Pay

Traducción: Pagar

Pronunciación: "PEi"

Participio pasado: Paid

Ejemplo: He has paid for dinner.

Traducción: Él ha pagado por la cena.

Verbo: Put

Traducción: Poner

Pronunciación: "put"

Participio pasado: Put

Ejemplo: She has put the book on the shelf.

Traducción: Ella ha puesto el libro en la estantería.

Verbo: Read

Traducción: Leer

Pronunciación: "rid"

Participio pasado: Read (se pronuncia "red")

Ejemplo: I have read that book.

Traducción: He leído ese libro.

Verbo: Run

Traducción: Correr

Pronunciación: "ran"

Participio pasado: Run

Ejemplo: He has run a marathon.

Traducción: Ha corrido un maratón.

Verbo: Say

Traducción: Decir

Pronunciación: "SEi"

Participio pasado: Said

Ejemplo: She has said her goodbyes.

Traducción: Ella ha dicho sus adioses.

Verbo: See

Traducción: Ver

Pronunciación: "si"

Participio pasado: Seen

Ejemplo: I have seen that movie.

Traducción: He visto esa película.

Verbo: Sell

Traducción: Vender

Pronunciación: "sel"

Participio pasado: Sold

Ejemplo: He has sold his car.

Traducción: Ha vendido su coche.

Verbo: Send

Traducción: Enviar

Pronunciación: "send"

Participio pasado: Sent

Ejemplo: They have sent the letters.

Traducción: Han enviado las cartas.

Verbo: Set

Traducción: Establecer/Poner

Pronunciación: "set"

Participio pasado: Set

Ejemplo: She has set the table.

Traducción: Ella ha puesto la mesa.

Verbo: Shake

Traducción: Sacudir

Pronunciación: "**SHE**ik"

Participio pasado: Shaken

Ejemplo: She has shaken the rug outside.

Traducción: Ella ha sacudido la alfombra afuera.

Verbo: Shine

Traducción: Brillar

Pronunciación: "**SHA**in"

Participio pasado: Shone

Ejemplo: The sun has shone all day.

Traducción: El sol ha brillado todo el día.

Verbo: Shoot

Traducción: Disparar

Pronunciación: "shut"

Participio pasado: Shot

Ejemplo: He has shot the ball into the net.

Traducción: Él ha disparado la pelota a la red.

Verbo: Show

Traducción: Mostrar

Pronunciación: "**SHO**u"

Participio pasado: Shown/Showed

Ejemplo: They have shown me their new house.

Traducción: Me han mostrado su nueva casa.

Verbo: Shrink

Traducción: Encogerse

Pronunciación: "shrink"

Participio pasado: Shrunk

Ejemplo: The sweater has shrunk in the wash.

Traducción: El suéter se ha encogido en el lavado.

Verbo: Sing

Traducción: Cantar

Pronunciación: "sing"

Participio pasado: Sung

Ejemplo: She has sung in the choir for years.

Traducción: Ella ha cantado en el coro durante años.

Verbo: Sink

Traducción: Hundirse

Pronunciación: "sink"

Participio pasado: Sunk

Ejemplo: The boat has sunk.

Traducción: El barco se ha hundido.

Verbo: Sit

Traducción: Sentarse

Pronunciación: "sit"

Participio pasado: Sat

Ejemplo: He has sat in the front row.

Traducción: Se ha sentado en la primera fila.

Verbo: Sleep

Traducción: Dormir

Pronunciación: "s**LIP**"

Participio pasado: Slept

Ejemplo: The baby has slept all night.

Traducción: El bebé ha dormido toda la noche.

Verbo: Speak

Traducción: Hablar

Pronunciación: "s**PI**k"

Participio pasado: Spoken

Ejemplo: I have spoken to him about it.

Traducción: He hablado con él al respecto.

Verbo: Spend

Traducción: Gastar

Pronunciación: "s**PEND**"

Participio pasado: Spent

Ejemplo: They have spent all their money.

Traducción: Han gastado todo su dinero.

Verbo: Stand

Traducción: Estar de pie

Pronunciación: "s**TAND**"

Participio pasado: Stood

Ejemplo: She has stood in the queue for hours.

Traducción: Ella ha estado de pie en la cola durante horas.

Verbo: Steal

Traducción: Robar

Pronunciación: "s**TI**l"

Participio pasado: Stolen

Ejemplo: Someone has stolen my wallet.

Traducción: Alguien ha robado mi billetera.

Verbo: Stick

Traducción: Pegar

Pronunciación: "s**TI**k"

Participio pasado: Stuck

Ejemplo: She has stuck the photo to the wall.

Traducción: Ella ha pegado la foto a la pared.

Verbo: Strike

Traducción: Golpear

Pronunciación: "**STRA**ik"

Participio pasado: Struck

Ejemplo: The lightning has struck the tree.

Traducción: El rayo ha golpeado el árbol.

Verbo: Sweep

Traducción: Barrer

Pronunciación: "swip"

Participio pasado: Swept

Ejemplo: I have swept the floor.

Traducción: He barrido el suelo.

Verbo: Swim

Traducción: Nadar

Pronunciación: "suim"

Participio pasado: Swum

Ejemplo: He has swum in the ocean.

Traducción: Él ha nadado en el océano.

Verbo: Teach

Traducción: Enseñar

Pronunciación: "tich"

Participio pasado: Taught

Ejemplo: She has taught English for many years.

Traducción: Ella ha enseñado inglés durante muchos años.

Verbo: Tear

Traducción: Rasgar

Pronunciación: "**TE**ar"

Participio pasado: Torn

Ejemplo: The dog has torn up the newspaper.

Traducción: El perro ha rasgado el periódico.

Verbo: Tell

Traducción: Contar/Decir

Pronunciación: "tel"

Participio pasado: Told

Ejemplo: He has told me the truth.

Traducción: Él me ha dicho la verdad.

Verbo: Think

Traducción: Pensar

Pronunciación: "zink"

Participio pasado: Thought

Ejemplo: I have thought about this problem.

Traducción: He pensado en este problema.

Verbo: Throw

Traducción: Lanzar

Pronunciación: "**ZRO**u"

Participio pasado: Thrown

Ejemplo: He has thrown the ball.

Traducción: Él ha lanzado la bola.

Verbo: Understand

Traducción: Entender

Pronunciación: "onder**STAN**d"

Participio pasado: Understood

Ejemplo: We have understood the situation.

Traducción: Hemos entendido la situación.

Verbo: Wake

Traducción: Despertar

Pronunciación: "**WE**ik"

Participio pasado: Woken

Ejemplo: I have woken up early today.

Traducción: Me he despertado temprano hoy.

Verbo: Wear

Traducción: Vestir/Llevar puesto

Pronunciación: "**WE**er"

Participio pasado: Worn

Ejemplo: She has worn that dress before.

Traducción: Ella ha llevado puesto ese vestido antes.

Verbo: Win

Traducción: Ganar

Pronunciación: "win"

Participio pasado: Won

Ejemplo: They have won the game.

Traducción: Han ganado el juego.

Verbo: Write

Traducción: Escribir

Pronunciación: "**RA**it"

Participio pasado: Written

Ejemplo: He has written a letter.

Traducción: Ha escrito una carta.

Verbo: Bite

Traducción: Morder

Pronunciación: "**BA**it"

Participio pasado: Bitten

Ejemplo: The dog has bitten the postman.

Traducción: El perro ha mordido al cartero.

Verbo: Choose

Traducción: Elegir

Pronunciación: "**CHU**us"

Participio pasado: Chosen

Ejemplo: I have chosen the red one.

Traducción: He elegido el rojo.

Verbo: Draw

Traducción: Dibujar

Pronunciación: "dro"

Participio pasado: Drawn

Ejemplo: She has drawn a beautiful picture.

Traducción: Ella ha dibujado una imagen hermosa.

k

Ejemplo: I have drunk all the water.

Traducción: He bebido toda el agua.

Verbo: Drive

Traducción: Conducir

Pronunciación: "**DRA**iv"

Participio pasado: Driven

Ejemplo: She has driven all night.

Traducción: Ella ha conducido toda la noche.

Verbo: Eat

Traducción: Comer

Pronunciación: "it"

Participio pasado: Eaten

Ejemplo: We have eaten too much.

Traducción: Hemos comido demasiado.

Quiero felicitarte sinceramente por este gran logro. Completar "El ABC de los Verbos" es un testimonio de tu compromiso con tu aprendizaje y tu desarrollo personal. Has ampliado no solo tu conocimiento del inglés, sino también tu capacidad para enfrentarte a nuevos desafíos y superarlos con éxito.

Recuerda que este libro es un escalón más en la escalera hacia tu fluidez en el inglés. Lo que has aprendido aquí te servirá de base para seguir construyendo, explorando y descubriendo nuevos aspectos del idioma. Los verbos son el corazón de la comunicación, y ahora tienes una comprensión sólida y profunda de cómo usarlos para expresar tus ideas, deseos y pensamientos de manera clara y precisa.

Te animo a seguir adelante con la misma pasión y curiosidad que te han traído hasta este punto. Cada nuevo día es una oportunidad para practicar, para aprender algo nuevo y para acercarte aún más a tus objetivos. Este no es el final de tu viaje de aprendizaje; es un hito importante que celebra lo lejos que has llegado y todo lo que aún está por venir.

¡Felicidades por este impresionante logro! Continúa avanzando con confianza, sabiendo que cada paso que das te acerca más a la maestría en el inglés

Made in United States
Troutdale, OR
12/23/2024

27212722R00066